KATHERINE L. BATTAIELLIE

Hopper : South Carolina

La chose a été vue. Le temps arrêté.
Et la palpitation, nous la revivons encore.

Edward Hopper

Je pourrais être cette femme, avec cette robe rouge très décolletée que j'ai toujours eu envie de porter. Je me tiendrais ainsi sur le seuil, provocante, sentant le tissu se déplacer légèrement, frôler mes jambes nues, mes seins largement offerts, et d'un regard j'inviterais les hommes à entrer dans la pénombre de la maison. Une fois la porte fermée sur chacun d'eux, je ne le guiderais pas, il devrait s'orienter, trouver seul son chemin dans l'obscurité moite des volets clos jusqu'à ma chambre.

La femme, sans doute plus très jeune, attend, debout sur le seuil d'une maison vétuste, entre l'obscurité de cette maison hermétiquement close et la grande lumière d'un matin d'été, tournée vers le soleil, et vers nous. Elle semble prête pour un déjeuner en ville, joues fardées et lèvres maquillées (il ne lui manque que son sac à main), mais elle est seule au milieu d'une nature sauvage. Son élégance s'accorde mal avec l'austérité sommaire de sa demeure.

Le rouge de la robe tranche sur la blancheur de l'entrée, la couleur terne, sévère, de la façade, le bleu du ciel, le jaune des champs d'herbes environnants.

La robe : à peine un vêtement, moulant le corps, sans ceinture, très échancrée devant, et sous les bras. Le tissu léger, comme de la soie, un peu collant, moiré.

Les regards affluent vers la femme en rouge comme le sang au cœur.

Pour tout le tableau, du bleu, du jaune et du rouge pressés hors de leurs tubes, largement étalés sur la palette, puis la toile. Quelques traces de vert pour un sillon, un froissement dans le jaune des herbes. Du blanc aussi.

Le souvenir des cours de peinture au lycée : l'odeur de la peinture, des gobelets d'eau salie, la lumière (presque la même) des grandes baies donnant sur le fleuve, et sur la voie ferrée emportant les trains au loin.

South Carolina Morning. On voit à peu près où c'est, la Caroline du Sud : au bord de l'Atlantique. Le pays, autrefois, des Sudistes, des plantations de coton, de tabac, des esclaves noirs. Une descendante d'esclave, voilà ce qu'elle est et avec quoi elle défie les passants, dans l'étrange apparat de sa robe : ses cheveux noirs, son nez un peu épaté, ses lèvres épaisses, son corps opulent. Une Black, une métisse plutôt, sur le seuil de sa case, qui a dans ses ancêtres des gens nés de pères inconnus. Ici, loin de tout pittoresque : le trou du cul du monde.

La pure nature, à droite, contre les restes dérisoires de la civilisation, à gauche : une bicoque recouverte d'une mauvaise peinture, et dont il manque des lattes aux volets. Nul ne peut avoir envie d'y habiter. Aucune trace d'activité humaine dans le large paysage représenté, hormis celle, passée depuis bien longtemps, de la construction de cette maison improbable.

La maison, disposée à l'oblique, n'est pas orientée vers la nature, vers la mer, au loin ; elle donne de notre côté, séparée de la nature par une large dalle que nous voyons en perspective, faite de bandes dont les raccords parallèles sont visibles. Cette grande dalle est comme un espace infranchissable entre la femme et la nature environnante (par où gagner le champ voisin ?), entre la femme et nous (par où l'approcher ?). Cette habitation est-elle, un peu en retrait, la dernière d'un ensemble que nous ne voyons pas, qui serait encore à la gauche du tableau ?

La seule tache noire du tableau, très visible, est constituée par les escarpins à talons hauts de la femme, à laquelle répliquent, infimes, un liseré noir des cheveux sous la capeline rouge et, sur la nuque, l'extrémité à peine entrevue d'un chignon.

Les pieds élégants, qui attirent le regard, sont incongrus ici, comme les anneaux dorés aux oreilles (un des seuls détails de ce tableau sans objets), ou ce chapeau à larges bords assorti à la robe, qui fait de l'ombre à la partie supérieure du visage.

Un jour vient, et sans doute ce jour est arrivé pour cette femme, où il n'y a plus de raison apparente à s'habiller de façon raisonnable, à s'adapter aux circonstances.

Ce matin, quand elle s'est levée, elle avait comme une hâte de pouvoir piétiner, déchiqueter, quelque chose, quelqu'un sous elle. Elle a retrouvé dans un carton cette paire d'escarpins presque neufs (dans quelle vie antérieure, dans quelle ville lointaine avaient-ils été achetés ?), et elle a martelé le sol de la maison de ses jambes dures et tendues, avant de se fixer sur le seuil. Et lorsqu'elle bouge légèrement, elle sent dans ses jambes un frémissement à sentir le sol résister sous ses talons.

Elle croise les bras devant elle, dissimulant ses mains contre son torse, dans un geste de défi. Son attitude est à la fois combative et gauche. Elle nous scrute, la tête et les épaules légèrement rejetées en arrière, dans une position distordue entre le haut de son corps, sa jambe droite posée en arrière, et sa jambe gauche qui avance sur le seuil, le bout seul de son escarpin noir en dépassant. Et cette pointe d'escarpin est bouleversante.

Elle est encore dans le couloir, en retrait de l'espace extérieur, entre l'ombre et la lumière. Elle veut, et ne veut pas, aller plus loin, dans le monde : une fois sortie de son précaire abri, rien dehors ne permettrait plus de la protéger d'une menace, elle serait à découvert, exposée à l'ardent soleil, à un esprit malfaisant qui s'épanouirait dans la solitude, à ce ciel empâté, pesant.

Son visage reste un peu indistinct, indéchiffrable, sa bouche charnue close. Qui est-elle ? A-t-elle conscience de détenir un secret ? Nous n'arrivons pas à saisir son regard, sous les paupières à demi cachées par le revers et l'ombre de la capeline. Elle nous affronte, avec son histoire que nous ne connaissons pas, ses pensées peut-être arrêtées sur un seul objet, ou confuses. Elle ne nous confie rien de sa vie, pas la moindre anecdote. Rien ne nous est dit d'un passé ou d'un futur proches ou lointains. Elle gardera son mystère, et celui qui la lie au paysage environnant.

Elle nous présente avec ostentation son corps (mais qu'est-elle prête à en donner ?) dans sa lourde et mûre féminité ; elle nous interdit de passer derrière elle pour voir son dos, ses fesses, sa silhouette à contre-jour. Elle est postée sur le seuil, entre la volonté d'aller vers la lumière, et celle de nous barrer l'entrée de cette maison, et nous devons attendre aussi, sans savoir, irrités.

Sous la robe (rouge comme le sang, rouge comme l'intérieur de sa bouche fardée, l'intérieur de ses organes, ses muqueuses) les cuisses sont fortes, le corps ample, plantureux, les seins surtout, comme un corps de femme pauvre épaissi par une mauvaise nourriture. Dans l'attitude où se tient la femme, la robe plisse entre les jambes, des genoux à la zone indistincte du pubis, ainsi soulignée. À égale distance du bord inférieur et du bord supérieur du tableau, cette zone indistincte, mais à laquelle mène de façon sûre ce chemin ombré entre les jambes, en devient le centre hypnotique.

Une femme effrontée qui demande avidement, sans même sourire, avec toute sa chair, son dû de sexe, de désir.

Des seins très gros, l'un plus visiblement proéminent que l'autre. L'ample vallonnement de ses cuisses. Le tour de ses hanches, incomplètement découvertes dans l'ouverture de la porte. Une géante aux larges épaules, devant laquelle nous nous succédons, nous toise du haut de sa taille, et de cette marche un peu haute à l'entrée de la maison, d'où nous l'observons légèrement en contrebas, nous renvoie à notre commune petitesse. À la fois impérieuse et humiliée, elle nous fixe et son regard ne nous quitte plus, obsédant.

Ce qu'elle a pour les hommes, elle le sait depuis longtemps, au début à elle ça ne lui plaisait pas, sa honte d'abord quand ça lui a poussé, c'était de trop, et les plaisanteries, ce qu'ils veulent (leurs regards toujours posés là, leurs mains pressées), elle le montre : cette poitrine découverte qu'elle relève encore du geste d'une de ses mains cachées, ils aiment voir ça ; elle n'a pas grand-chose d'autre à donner.

La chair de sa poitrine nue, sans rien d'autre : pas de bijou au cou, ni dans le sillon profond des seins, où enfoncer la tête, de la chair nue pour se rassasier sans encombre, de la chair tout bonnement nue à pétrir, abondante.

Elle est offerte, soumise au regard de tous, à leur concupiscence, mais elle a aussi dans son corps ce qu'il faut, pense-t-elle, pour imposer quelque chose, et c'est une juste revanche.

On ne voit presque rien de ses cheveux noirs sagement coiffés sous le chapeau : un bandeau lisse sur un côté du visage et l'extrémité du chignon serré sur la nuque. Cette sobriété de la coiffure contraste étrangement avec la poitrine offerte. A-t-elle pensé que ce chapeau et cette coiffure étaient des éléments indispensables à l'élégance qu'elle veut toute entière personnifier aujourd'hui, dans une représentation naïve et dont finalement elle n'est que la caricature un peu aguicheuse, vulgaire ?

Ou les cheveux noirs, crépus, affichent-ils trop pour elle ses origines, le grouillement de malheur de tous les ancêtres dont elle s'est extirpée ?

C'est un tableau dont l'inventaire, à première vue, semble sommaire. D'où vient alors qu'il provoque tant l'esprit ? Il m'en faut reprendre indéfiniment la description, je ne peux l'épuiser, ni le bonheur de cette description.

La maison ressemble à une vieille armoire, avec des sortes de curieux panneaux en creux sur le devant, seulement posée sur le sol (un dallage blanchâtre constitué de plaques rectangulaires assemblées, de la même couleur que le mur du couloir, du blanc de cremnitz). Le bois, ou un autre matériau, dont elle est faite, est entièrement recouvert d'un enduit gris-vert hâtivement passé, sans souci d'uniformité dans la teinte. Elle paraît plus imposante qu'elle ne l'est en réalité, parce qu'elle est vue de près. Nous n'en voyons, incomplètement, que la façade de devant, et un angle du toit.

Dans l'espace devant ce pavillon aux murs aveugles, et c'est étrange, il n'y a pas de chaise-longue, pour se dorer au soleil, de banc, de table, ni de ces objets qu'on laisse traîner devant une maison où on vit : un journal, une écharpe. Cette absence d'objets, qui pourraient distraire le regard, semble encore agrandir l'espace dallé. Les volets abîmés sont fermés depuis longtemps, l'intérieur sent le renfermé. Il y a sans doute des toiles d'araignées dans les encoignures. La peinture blanche du couloir entrevu est plus sale vers le sol, au-dessus de la plinthe. La femme est postée sur le seuil, comme pour défendre le contenu misérable des deux pièces, derrière elle, tout ce que le peintre ne nous montre pas mais qui envahit notre esprit : quelques meubles disparates, usagés, un fauteuil défoncé, une ou deux valises de carton.

Aucune plate-bande, aucun massif, aucune plante domestique ni fleur dans l'entourage de la maison. Est-ce le désir pour cela qui a manqué, ou la terre ici est-elle trop aride ? À s'échiner dessus sans fin pour y voir juste pousser quelques tiges étiques ?

Il faudrait depuis longtemps avoir décidé de partir.

Ici, les gens sont obligés de rêver d'ailleurs, où ils auraient une vraie place, où la vie aurait un sens.

La femme sait-elle, a-t-elle su l'existence de vertes prairies à l'herbe épaisse, de feuillages à l'ombre fraîche, de chemins creux, où l'on respire une odeur de terre grasse, fertile, passant par-dessus les haies, d'une petite place de village où coule une fontaine ? A-t-elle connu d'autres maisons, où l'on demeure sans effroi ?

La veille, dans son lit, allongée sur le dos, très droite, elle a contemplé le plafond noirci de la chambre mal éclairée, jusqu'à sentir ses yeux devenir brûlants.

A-t-elle entendu, comme dans les romans américains qu'on lit, le cri d'un coyote ?

Aujourd'hui elle ne veut pas être prise dans des bras secourables, elle ne veut être consolée de rien. Et aucune consolation ne vaut.

Elle s'appelle Dinah, elle a vécu, elle a connu des hommes, qui lui ont donné de la méfiance, qui travaillaient rudement, qui buvaient. Elle-même est devenue dure. Elle en sait long sur la vie (plus long que ceux qui passent devant elle et retournent tâtonner dans leur vie quotidienne). Elle ne sourit pas. Il n'y a pas de quoi sourire. L'impatience ronge son cœur comme un animal féroce.

Les jambes douloureuses d'être debout depuis aussi longtemps dans la chaleur, elle attend le dernier homme, qui arrivera de la ville, lourd de déception, elle a espéré qu'il en irait autrement, et il s'en prendra à elle. Ou l'a-t-il déjà abandonnée ici, sans laisser de trace, après quelques grossiers mensonges ? Elle n'a plus d'illusions, mais elle n'est pas une femme fragile, elle est robuste, elle est capable de résister encore aux mauvais courants de la vie.

EDWARD HOPPER

Cette femme qui attend sur le pas de sa porte, on l'a déjà vue, ailleurs, en passant, dans des scènes fugitives, à travers une vitre de voiture, pas exactement dans cette position, pas exactement semblable, mais on l'a déjà vue maintes fois, sur les seuils de maisons inconnues, étrangères. On n'a pas gardé le souvenir de visages (parfois d'un regard), juste celui d'une silhouette, d'une attitude, d'un vêtement, d'un cadre de porte. Toutes ces scènes viennent ici se superposer en une seule, qui se poursuit indéfiniment.

Et chacun, parce qu'elle n'est pas seulement une femme, mais quelqu'un en attente, se sent aussi cette femme abandonnée, espérant qu'on vienne la chercher, qu'on lui dise des mots imaginés, jamais dits. Depuis la première fois, quand la mère est partie sans se retourner, avec son panier, et que l'on pleurait, accroché à la porte.

La dalle disproportionnée par rapport à la maison, et qui occupe un espace important du tableau, cette dalle étrangement vide et propre qu'il faut d'abord traverser, sans savoir par où accéder au seuil, l'a-t-elle récemment balayée, nettoyée ? Lavée de taches de sang (qui ont laissé des traces rougeâtres) ? Celles d'un corps qui se trouverait encore à l'intérieur ?

Cette maison lui appartient-elle ? Lui vient-elle de sa famille ? Cette petite bâtisse au crépi déplaisant où il s'est passé des histoires tristes (dont on se souvient dans le coin, que d'autres ont racontées), où on se sent mal. Aucune clôture ne la protège et la femme est une proie sans défense.

Sur la partie droite du tableau un grand espace d'or et de bleu rappelle à nous certains matins d'été heureux de la jeunesse, leur allégresse impatiente, leur beauté, des matins qui commençaient lorsqu'on écartait les volets et semblaient ouvrir des jours infinis, quand la vie toute entière était devant soi, et que tout était encore inconnu et possible, au-delà des petits secrets de l'adolescence. Ces jours-là on prenait une serviette et un livre et on allait s'étendre à demi-nu en pleine nature, au soleil. Dans nos mouvements les herbes frôlaient nos bras. Des insectes cheminaient jusqu'à notre torse, aux pages de notre livre, distrayaient notre attention, avec les papillons, les oiseaux, un avion parfois, très haut, et le ciel tournait lentement au-dessus de nous. Les sensations d'alors reviennent, de ce bonheur primitif, de ce corps jeune et souple, de la peau chaude au soleil, et de ce temps enfui dont nous est redonnée la nostalgie c'est une des sensations les plus présentes.

Les années passées se mêlent, s'étirent, comme elles se sont étirées pour le peintre entre l'apparition de cette mulâtresse sur le seuil de sa maison, à Charleston, en 1929, et le tableau de 1955 : 26 années pendant lesquelles cette femme est demeurée, en attente.

Le ciel est sans nuage, un peu plus pâle à l'horizon. La ligne d'un bleu plus soutenu annonçant au loin la mer (trop loin pour qu'on en entende le bruit), l'or des herbes jaunies, où notre esprit s'ébat, près de la maison, la plage d'un jaune plus clair que l'on pourrait fouler en toute liberté s'offrent au regard de la femme

Elle pourrait aller nager dans la mer, se défaire (les chaussures restées sur le seuil de la maison) de cette robe rouge, se couler dans la matière liquide et fraiche, nager vers le large, sentir enfin sous son corps des courants qui le porteraient doucement, le mouvement de la mer, des poissons peut-être, oublier la robe rouge sur le rivage.

Mais elle n'ira pas courir vers la mer. Elle ne sait peut-être pas nager, parce que les pauvres n'apprennent pas à nager. Et aucun chemin n'y mène. Elle regarde dans notre direction, tendue entre la lumière du dehors et l'obscurité de la maison.

La moitié gauche du tableau est tout en verticales, redoublées (les murs de la maison, le couloir qui s'ouvre exactement au milieu de la façade, les fenêtres, la femme debout), la moitié droite tout en horizontales (le paysage plat jusqu'à la mer, l'horizon, le sillon plus vert, parallèle à l'horizon, des herbes du champ : quelques herbes qui ne sont pas encore complètement brûlées par le soleil). L'essence du tableau : deux séries d'horizontales et de verticales. Et rude serait cet écartèlement auquel nous soumettrait cette géométrie si elle n'était altérée par le déhanchement de la femme, la ligne légèrement incurvée du mur, la perspective exagérée et fausse de la dalle, dont nos repères se sont trouvés chanceler.

Elle veut croire qu'il y aura enfin de la chance pour elle aujourd'hui. Elle attend, avec ses maigres biens assemblés dans deux valises, derrière elle. Tout est fermé dans la maison, elle en a refait le tour ; il ne resterait plus qu'à sortir ces vieilles valises, tirer la porte, définitivement. S'échapper, abandonner ce coin perdu, où il ne se passe rien. On ne peut pas se contenter toujours de ce qu'on a.

Mais partie, elle va emporter dans sa mémoire, elle ne le sait pas encore, sans pouvoir s'en débarrasser, l'étendue vide à l'odeur ténue mais persistante d'herbe sèche, la peinture salie du couloir qu'il aurait fallu refaire, les lamelles cassées des volets.

Figée dans la chaleur torride, son absurde volonté de dignité, elle garde comme une folle ce chapeau inutile qui lui serre la tête. Le silence s'épaissit, et sa langue pétrifiée dans sa bouche. La voix trop longtemps tue, elle ne trouverait plus les mots, qui monterait du fond de son corps, forçant ses cordes vocales bloquées, et jaillirait à l'air libre, y résonnerait, serait effrayante.

La façade de la maison pourrait n'être qu'un ancien décor de carton : la femme apparaît dans ce qui semble seulement un couloir, donnant en réalité de l'autre côté à ciel ouvert sur la même étendue infinie d'une nature silencieuse et vierge, qui l'abandonne à la solitude et dont aucun signe ne vient. Nul arbuste, bosquet, monticule ou creux susceptible d'accueillir la présence d'animaux, sauvages et domestiques, ou d'humains. Nul être vivant n'a laissé de trace dans le champ voisin ; là il n'y aura même pas d'insectes. Nous nous demandons de quelle couleur est cette terre sous les herbes. Tout est donné à la vue et tout manque. On aimerait d'autres couleurs. Rien ne peut provoquer de la curiosité, exciter l'esprit. Pas une feuille pour frémir sous un souffle d'air. Dans le ciel, que marbrent quelques effilochures mauves ou roses, pas un nuage dont on pourrait suivre le mouvement (le moindre mouvement provoquerait de l'exaltation), qui annoncerait un changement éventuel du temps. Rien ne bruit du monde.

Hier, avant-hier ou dans des temps plus reculés, d'autres habitants, des visiteurs, se promenaient peut-être dans les alentours. Aujourd'hui tous se sont mystérieusement enfuis. La vie semble s'être arrêtée, dans la nature et parmi les humains.

Pour qui doit-elle jouer cette scène, en comédienne gauche, raidie dans sa pose, sans personne pour la diriger, lui donner des indications, lui préciser ce qu'elle doit faire, maintenant qu'elle a revêtu ce déguisement, ce chapeau, enfilé ces chaussures étroites avec lesquelles elle n'arrive pas à marcher ? Avec cela, sur le fond blanc du couloir, cet éclairage cruel, dont il lui faut se protéger pour ne pas être transformée en marionnette aveugle. Et, sans illusion, se doutant qu'on ne lui proposera pas d'autre rôle, elle se tourne vers le metteur en scène en défaillant.

Où sont les autres êtres humains ? Où sont repliés les oiseaux, dont nul ne franchit le ciel ? L'horizon reste vide, et ni route ni téléphone ne semblent relier cette maison à l'humanité, dont les nouvelles ne parviennent plus. Comment cette seule femme a-t-elle été oubliée du monde entier, pendant que chacun continuait à vaquer à ses affaires ?

Cependant sur cette terre inhabitée la femme en rouge fait face orgueilleusement (pour combien de temps ?) à celui, ceux qui pourraient encore arriver. Même si l'espoir d'heure en heure s'amenuise, elle ne se résout pas à cesser d'attendre, à renoncer. Elle n'a pas de montre pour mesurer le temps. Mais, c'est étrange à penser, il n'y a rien à faire ici qu'attendre, alors que dans des villes, au loin, règne une agitation frénétique. Et la vie peut se passer ainsi, à attendre. Elle ne veut pas se laisser aller, ni enlever, malgré la chaleur, son chapeau, sa robe, ses chaussures, les ranger, rentrer s'asseoir à l'intérieur de la maison, d'où elle ne pourra pas apercevoir les premiers signes d'une approche. Elle ne pense même pas à s'adosser, pour se reposer un peu, au mur du couloir, au chambranle de la porte.

Et nous aussi, empoignés par des histoires tristes que le tableau soulève en nous comme une vague, nous guettons, nous attendons avidement de voir enfin surgir quelqu'un dans ce paysage. À cette femme inconnue nous nous sentons indissolublement liés.

L'intérieur de la maison est obscur. On n'en voit rien de l'extérieur : les volets sombres hermétiquement fermés en maintiennent le secret. C'est une simple gangue, qui a contenu la femme, la contient encore, et s'ouvre pour la faire apparaître. Elle en jaillit comme un diable de sa boîte, et c'est bien du diable qu'il s'agit, de la Tentatrice éternelle, dont on voit bien qu'elle a déjà l'expérience du péché, dans son habit de Tentation, avec ses artifices et ses fards, sa chair corruptrice offerte, armée pour sa démoniaque mission, toute entière attachée à son œuvre par son oisiveté. Celle dont la poitrine menaçante va subvertir l'Homme jusqu'au plus profond de lui-même. La Femme cause de tout le Mal.

S'approcher lentement d'elle, lui délier les bras, sentir se relâcher sa résistance, ses muscles tendus, s'alanguir son corps raidi dans une offrande sans espoir. Faire d'elle la femme souhaitée (désirée ?). L'ouvrir à une possible douceur, jusqu'à ce que ses lèvres exhalent enfin un soupir, et ses yeux des larmes, à boire comme du miel.

En 1955, dans un bus de Montgomery (Alabama), Rosa Parks refuse de céder sa place, réservée aux Blancs.

En 1955, E. Hopper a 73ans. Pourquoi est demeuré si intensément le souvenir de cette femme entrevue sur le pas de sa porte ? Que pensait-il de cette femme que nous ne saurons jamais ?

C'est déjà une époque lointaine, le milieu du siècle passé, qu'indique aussi la tenue de la femme : ce chapeau de la même couleur que la robe.

La nature n'est pas engageante, pas aimable (ni sentiers, ni fleurs, ni fruits) ; le vaste champ doré se métamorphose en un petit terrain vague hérissé d'une végétation monotone ; seule la chair de la femme est généreuse, mais sa peau fade, et l'offrande de son corps effraie. L'échappée sur la nature qui semblait d'abord immense se réduit, la sombre bâtisse envahit peu à peu le paysage de son mystère inquiétant, opaque. Le toit de la maison vient empiéter sur le ciel.

Pourquoi la femme a-t-elle accepté d'entrer, de rester dans cette maison isolée ?

Son apostrophe muette, insistante, exige que nous redonnions un sens à son histoire, résolvions les mystères, remettions en route le mécanisme arrêté de la machinerie. Mais nous n'avons pas de réponse, juste quelques indices. À un moment peut-être, plus tôt, nous aurions pu, dû intervenir. Mais ce moment est passé ; maintenant nous sommes impuissants.

Les miasmes secrets enfermés dans cette boîte maléfique et sombre qui lui tient lieu de maison ont diffusé tout autour, jusque dans cet air que la femme respire prudemment, avec sa bouche fermée et sa cage thoracique comprimée, et qui contient peut-être quelque chose de pernicieux.

Elle est la dernière femme sur terre, dans l'éternité de ce moment qui nous est montré, et porte une robe rouge (que la dernière représentante du genre humain ait du sang noir est juste). L'anéantissement de l'humanité, très loin, que peut-être elle a désiré, est encore à peine perceptible : une sensation seulement que quelque chose s'est produit, qui n'a pas de nom. Elle attend (depuis quand ?) que cette sensation l'atteigne complètement, l'enveloppe, devienne une certitude, avant le cataclysme.

Le soleil au zénith, un soleil aveuglant qui ne produit aucune ombre, ce serait une douceur, verse une lumière implacable sur ce morceau de monde abandonné. La couleur plus foncée du ciel en son centre semble le faire peser plus lourdement sur nous. La chaleur, la réverbération de la lumière devant la maison sont accablantes. À huit heures du matin déjà, sans bouger, on transpirait : la sueur coulait le long de la nuque. Et le réveil date de plusieurs siècles, même si l'hébétude ne s'en est pas encore dissipée. L'air stagne.

Un cauchemar terrifiant serait que la nuit, amenant enfin un peu de fraîcheur, ne vienne jamais plus, et que ce jour soit un jour éternel.